中华先贤人物故事汇

沈括

张婷 著

中华书局

图书在版编目(CIP)数据

沈括/张婷著. —北京:中华书局,2022.11 (2024.3 重印)
(中华先贤人物故事汇)
ISBN 978-7-101-15873-1

Ⅰ.沈…　Ⅱ.张…　Ⅲ.沈括(1031~1095)-生平事迹
Ⅳ.K826.1

中国版本图书馆 CIP 数据核字(2022)第 160843 号

书　　　名	沈　括
著　　　者	张　婷
丛 书 名	中华先贤人物故事汇
责任编辑	马　燕　陈　虎
责任印制	管　斌
出版发行	中华书局
	(北京市丰台区太平桥西里 38 号　100073)
	http://www.zhbc.com.cn
	E-mail:zhbc@zhbc.com.cn
印　　　刷	三河市宏达印刷有限公司
版　　　次	2022 年 11 月第 1 版
	2024 年 3 月第 2 次印刷
规　　　格	开本/787×1092 毫米　1/32
	印张 3⅛　插页 2　字数 50 千字
印　　　数	3001-4500 册
国际书号	ISBN 978-7-101-15873-1
定　　　价	20.00 元

出版说明

孔子周游列国，创立儒家学说；张骞出使西域，开辟丝绸之路；书圣王羲之，留下了曲水流觞的佳话；诗仙李白，写下了"举头望明月，低头思故乡"的名篇；王安石为纠正时弊，推行变法；李时珍广集博采，躬亲实践，编撰医药学名著《本草纲目》……

这些杰出的历史人物，有的是在中华民族文明进程中做出过突出贡献、对后世产生过巨大影响的思想家、政治家，有的是对中华优秀传统文化的传承传播发挥过重大作用的文学家、艺术家、科学家，有的是为国家安定统一、民族融合团结和中外文化交流做出过杰出贡献的军事家、外交家……他们为中华民族的繁荣发展做出了伟大的贡献，他们的行为事迹、风范品格为当世楷模，并垂范后世。

他们是中华民族的先贤人物。他们的思想、品德、事迹，是中华优秀传统文化的结晶；他们的故事，是对中华民族的禀赋、特点和气质最生动、最鲜活的阐释；他们的名字，在五千年中华文明史上最为光彩夺目；他们为五千年中华文明史书写了最为光辉灿烂的篇章。

为了解先贤，走近先贤，我们精心组织编写了这套《中华先贤人物故事汇》丛书，以翔实可靠的史料为依据，细腻动人的故事为载体，真实地呈现中华先贤人物的事迹、品格和精神风貌，彰显他们的贡献和功绩，激发人们对国家民族的热爱，对中华文明、中华优秀传统文化的崇敬。

开卷有益，期待这套丛书成为你的良师益友。

目 录

导读·····································1

书香门第·····························1

有疑必问·····························5

治理沭河·····························13

支持变法·····························21

修历制仪·····························29

结怨文豪·····························37

守护边界·····························46

绘制地图 …………………………………… 55

贬至宣州 …………………………………… 59

攻打西夏 …………………………………… 70

为理写诗 …………………………………… 75

《梦溪笔谈》 ……………………………… 80

沈括生平简表 ……………………………… 87

导　读

　　沈括（1031—1095），字存中，浙江杭州钱塘人。

　　沈括的父亲沈周一生为官，深受百姓爱戴。父亲去世后三年，沈括丁忧期满，二十三岁时以父荫入仕为官，任沭阳县主簿。三十岁时客居宣州宁国县兄长沈披家中，准备应试。三十一岁参加苏州地区的科举考试，获第一名。三十二岁进京考试，进士及第。宋英宗登基后，沈括应召赴京，任职昭文馆。宋神宗熙宁元年（1068），沈括三十七岁时，母亲去世，他丁母忧回杭州。四十岁时，沈括返京复职，开始参与王安石变法。在此期间，沈括曾治理汴河、改造观天仪器、修订历法、镇守边境、攻打西夏。元丰五年（1082），因永乐兵败（北宋与西夏的重要战役之一），五十一岁的沈括被贬至随州，不得随意走动。元丰八年（1085）哲宗继位，大赦天下，五十四岁的沈括徙秀州，但依然是本州安置，不得随意走动。元祐三年（1088）沈括将《天下州县图》上呈朝廷，哲宗高兴之余先是允许沈括在秀州境内任凭方便随意走动，第二年（1089）又许他于外州随意居住，于是沈括举家迁至润州梦溪园，时年五十八岁。在梦溪园居住至绍圣二年（1095），沈括去世。

沈括一生，最为后人称道的，就是他的《梦溪笔谈》。这部著作涉及政治、经济、文化、军事、科学技术等各个方面。在科学技术方面，又包括天文、气象、地质、地理、水利、建筑、化学、数学、铸造、冶炼、医药卫生以至武器制造等等。这部书内容之广博、记叙之精当、独特创建之多，在沈括所处的时代，是中外历史所罕见的。它是中国科学技术发展史的珍贵史料。

书香门第

钱塘江畔一翩翩少年，宛若明珠璀璨。历史长河滚滚向前，他的名字却从未在岁月流转之间湮灭，他就是我们这本书的主人公——沈括。

我们都知道，沈括是北宋著名的地理学家、天文学家、军事家，殊不知，钱塘沈氏一门，这种优秀并非特例。沈括的曾祖父、父亲、伯父、堂兄，还有他的母家许氏家族中许多人都很优秀。在沈括的成长道路上，家人潜移默化地影响着他。正所谓参天之树，必有其根；怀山之水，必有其源。

沈括的父亲叫沈周，伯父叫沈同。沈周、沈同幼年丧父，家庭的支柱骤然倒塌，生活的困顿可想而知，但兄弟二人勤学不辍，先后考取进士。可以说，钱塘沈氏一门的振兴就是从沈周、沈同开始的。

沈周于大中祥符八年（1015）考中进士后，辗转各地做官，历任泉州知府、苏州通判、平泉县知县、润州知县、江宁知县、开封知州及知县和明州知县等职。三十多年的官宦生涯中，沈周深受百姓爱戴。王安石、欧阳修都曾对沈周大加赞赏。

沈周一向宽厚仁德，百姓触犯律例时，他不是立刻动用刑罚，而是以教化为主，因为他相信人性本善，人心总有向好的一面。

沈周在泉州做知府，那里经常有盗贼出没。在沈周之前，当地官员要求，只要太阳落山，商铺、店面都必须立刻关门，百姓也要紧闭门户，相互之间禁止往来。沈周到任后，取消了这些禁令，代之以一系列的教化措施。很神奇的是，屡禁不止的偷盗现象居然逐渐消失了。

沈周宽厚仁德，但这并不代表他没有原则。他的原则是一切以百姓利益为先。当政府下令让地方铸造铁钱的时候，没有人敢站出来反对，除了沈周，因为他认为铸钱可能会引发一系列的社会问题，对百姓生活影响尤大。所以王安石在沈周去世后，用"貌和而内有守"来评价他，虽然看上去和和气气，可内心却有自己的坚守。

由于沈周辗转各地做官，沈括年幼时就跟着父亲奔波各地。沈括日后为官时能够深知民间疾苦，体恤百姓不易，想来正是受其父言传身教的影响。

天圣九年（1031），沈括出生，此时父亲沈周已经五十五岁，母亲许氏也已四十七岁，别说在当时，哪怕是现在，也算老来得子了。但是沈括的父母对沈括并不溺爱，而是严格要求，耐心引导。对沈括影响最大的就是母亲许氏。

许氏出生于苏州的士大夫家庭，她的祖父做过刑部尚书，父亲曾经辅佐太子。许氏的哥哥叫许洞，中过进士，文武皆通，曾写过一部重要的军事理论著作《虎钤经》。沈括年少时有段时间借住在苏州舅舅家，虽然此时舅舅已经去世，但沈括一直在读舅舅留下的藏书以及他所撰写的军事著作。沈括后来撰写的军事著作《边州阵法》以及攻打西夏所展现的军事才能，很难说没有受到舅舅的影响。

沈括的母亲许氏成长在这样一个文化底蕴深厚

的家庭，除了知书达理之外，更难得的是具有开放的眼光。许氏去世之后，墓志铭由"唐宋八大家"之一的曾巩撰写。从墓志铭中可以看出，沈括年幼时并没有寻访名师，而是由母亲亲自教导。母亲为沈括营造了宽松的环境，让小沈括自由自在地在成长。

沈括渐渐长大，十二岁的时候，他开始拜师系统学习。少年存于天地之间，心胸从未拘于一隅，"广博"二字或许正是他穷极一生所求。

有疑必问

　　对世界的好奇心与旺盛的求知欲是让沈括见识广博的重要原因。我们常说，发现问题比解决问题更重要，沈括就有那么一双善于发现问题的眼睛。

　　先来看一首大家都熟悉的唐诗吧，白居易的《大林寺桃花》：

　　　　人间四月芳菲尽，山寺桃花始盛开。

　　　　长恨春归无觅处，不知转入此中来。

　　这首诗相信大家都不陌生，很多小朋友都会背诵。不知道大家读到这首诗的时候是什么感受，沈括读到这首诗的时候很疑惑。为什么上句才写说花儿都凋谢了，下句就说山上桃花正盛开呢？这不是自相矛盾吗？这是诗人信口开河吗？为了解决这些疑问，沈括一直在思考。后来，他在《梦溪笔谈》卷二十六中给出了答案：这是由地势高低导致的温差造成的，山上气温低一些，花草也就盛开得晚一些。沈括之所以最终能把这个自然现象解释清楚，正是因为在读诗的时候产生了疑问，后来在山间看到实景时才能找到答案。

沈括的脑袋里装着十万个为什么，随时随地都能发现问题。

康定元年（1040），父亲沈周到泉州任职的时候，沈括一同前往。那一年，他不过九岁。

一日，公堂前突然来了一群人，神色慌张，说是自家门前死了几个人。沈周连忙派人去调查，最终死因确定为吞食毒草，这种毒草叫"钩吻"。小沈括趴在父亲桌案前看着卷宗，读到"因钩吻而死"时，他想到以前读的《本草》里好像记载了关于"钩吻"的药方。"明明是一味可以治病的草药，怎么这几个人吃了就死了呢？"小沈括疑惑不解。

他找来一株钩吻，观察了许久。

他望着父亲，满脸疑惑。沈周笑着拍了拍他的小脑袋说："你自己去观察观察吧！"沈括点了点头，转身就跑出了书房。

他找来一株钩吻，观察了许久，发现它长得有点像葛，内心有点不解："这花开得这样小，好像和书里写得不太一样啊？"然后，他就去翻家中藏书，发现《本草》中果然有将其称为"野葛"的记载，而《酉阳杂俎》中的描写是"花似栀子，稍大"。

"旁的先不说，这《酉阳杂俎》对钩吻花的描述根本就是错误的嘛！我要赶紧把这个发现告诉爹爹去！"小沈括一手举着那株钩吻，一手拿着书向父亲跑去。

后来，他还拜访了当地很多百姓，得知原来钩吻还有很多不同的称呼，例如"吻莽""野葛""胡蔓""断肠草"。可小沈括还是感到很疑惑，《本草》中记载的叫"野葛"的植物明明可以入药，生活中怎么变成能取人性命的剧毒之物呢？难道此野葛非彼野葛？他虽然一时还找不到答案，但一直想方设法提醒别人在使用"野葛"入药的时候要格外谨慎。多年后，沈括将年少的这段经历写入了《梦溪笔谈》。

那时的沈括只有八九岁，他不仅有胆量将剧毒植物拿来观察，还知道向别人询问相关情况。这种探究意识可真是不简单。

更可贵的是，他这股子好奇劲和有疑必问的精神延续了一生。很多人小时候都会对身边的事物充满好奇，长大后，好奇心似乎慢慢就远去了，好像好多东西在我们眼中都变成了理所当然。沈括不一样，他一直对世界充满了好奇，这让他经常感受到探究的乐趣，比如说元丰年间当他镇守鄜延（今天的陕西延安一带）时，因为好奇，他居然发现了石油以及"延川石液"（即文房四宝之一的"墨"）。

《汉书·地理志》中有"高奴有洧水，可燃"的记载。"奇怪了，水怎么能是可燃的呢？"沈括十分疑惑，为了探知究竟，他直接带上干粮，骑马赶往高奴县。

此时正值入冬之际，沈括远远望见高奴县稀稀落落的农舍里冒着浓厚的黑烟，"这寻常人家烧火做饭怎会有如此大的浓烟？难道是发生了什么意外吗？"沈括无暇多想，策马扬鞭急忙前行。到了一户农家门外，他将马拴在树下，正瞧见一老农在院子里劈柴，沈括向老人作了个揖，说明自己的来意，便被招呼着进了屋里。火炕旁一老妇正在忙碌着，见有客人来访，便开始准备饭食。

"老人家，为何你们这里浓烟滚滚？我从远处就瞧见了。"沈括不解地问道。

老人指了指面前这堆柴火笑着说："那是因为我们加上了这个东西。"顺着老人所指的方向，沈括看到木柴上有几团黑漆漆的东西，就像糊的泥巴。

"这东西居然能产生这么大的烟雾，这究竟是何物呢？"沈括问道。

"那我可就不知道喽，但如果你要一探究竟，老夫倒是可以带你去发现这东西的地方看一看。"老人说。

几日后，天气转暖，沈括随老人前往一处山泉附近。那泉水着实诡异，竟混着一股黑色黏液，越往上游走去，黑色黏液越多。沈括经过仔细观察发现，黑色黏液是从泉水周边的石缝中溢出，因其光泽与油相似，沈括把它称为"石油"。

当地村民告诉沈括，他们很久以前就开始把这些"黑水"储存在瓦罐中，用以烧火取暖，一边说着，一边还把那些装过"黑水"的瓦罐拿来给沈括看。沈括发现，这些燃烧后的瓦罐，内壁有一层黑色附着物，那些被"黑水"产生的黑烟燎过的墙壁上也有，黑黢黢一片，一摸一手黑。

沈括将墙壁上被烟熏过的黑色物质刮下来，加上少量水搅拌，他惊喜地发现，这东西居然可以用来写字，而且效果比当时最好的松墨品质还高。

后来，沈括记下了这次寻找"石油"的经历以及制作墨的方法，还将其命名为"延川石液"。

再比如沈括对于制琴材料的研究。

一天，他无意中看见一本书上说制琴的材料要求"木坚如石"，"这不对啊，像石头那么坚硬，那怎么弹奏呢？我敲石头可敲不出美妙乐音呢！"他总觉得这书上的记载似乎和自己的直观感受相违背。一旦产生疑惑，那真是百爪挠心啊，沈括一晚上都没睡安稳。

第二天一大早，他亲自去寻访熟识的乐工，提出自己的疑问。乐工说："你这一问，我也有点疑惑了。根据我多年的经验，木头过于坚硬似乎确实不太好，可是我的师傅以及师傅的师傅都是这么说的。你要不问，我也没觉得有什么不妥。"

乐工的回答并没有解决沈括心中的疑惑，他下定决心要探个究竟。

他开始收集可以用于制琴的材料，认真观察不同的木头材质，甚至不惜重金去买不同的木料来制琴，比较音色的不同。经过长时间的对比后，他得出结论，那就是造琴的木材应该轻、松、脆，干燥且轻透的木材制成的琴的声音最美妙。

正是因为对世间万事万物都抱有这样有疑必问的精神，沈括才能取得很多令人瞩目的成就，终成一代科学巨匠。

治理沭河

宋仁宗皇祐三年（1051），沈括的父亲沈周去世。至和元年（1054），沈括在为父亲守丧期满后，承袭父荫，做了沭阳县一名小小的主簿。

主簿，相当于县令的助手，是职位很低的小吏。我们常用"芝麻官"来形容县令，主簿是"芝麻官"的助手，可想而知这一官职的低微程度。主簿职位虽然低微，但却身处基层工作的最前线，老百姓有任何问题，都要主簿去处理。沈括曾在给朋友一封信中说：做官最低微而劳苦的，莫过于主簿。沭阳方圆几百里，凡兽蹄鸟迹所到之处，都有主簿的职责，十件事里我要做八九件。忽上忽下，忽南忽北，忙得晕头转向，以至于连风霜雨雪、明暗冷暖也全然不知了。说实在的，主簿的工作是良心活，如果事事操心、样样尽责，忙得焦头烂额自不必说，事情处理妥当了，那功劳自然是县令的；万一没处理好，一边是顶头上司的批评，另一边老百姓也会怨声载道。但沈括并没有因此就选择浑浑噩噩混日子，他总是认真完成公务，兢兢业业，尽自己最大的能力为百姓做事。

很快，一个大考验摆在了他面前。这一年，沭阳城内，洪水泛滥。

这一次的洪水泛滥给老百姓带来的伤害比往年更甚。这与当地的沭河常年治理不善息息相关。沭河流经此地的时候水势很缓慢，河水中夹带的大量泥沙就这样沉淀淤积在河道里，若不及时清理，长此以往，河道就会因淤泥的堵塞变得狭窄，水流就会越来越慢。而水流变缓，更多的泥沙又会沉积……这简直就是一个恶性循环。一旦发大水，突然暴涨的河水无路可走了，就会四处漫溢，冲进农田，奔向村庄……

遗憾的是，沭阳县几任县令都不重视这个问题。到了沈括做主簿的时候，沭河的河道淤积已经很严重了，当时的县令依然抱着为官不求有功但求无过的主张，不愿主动将清理河道这样的麻烦事揽上身。结果，连日大雨导致沐阳洪水泛滥。

水灾过后，所到之处的景象常常让沈括触目惊心。虽然小时候他跟着父亲辗转多地，也会听父亲谈及民间疾苦，也曾在书本上多多少少看到过相关描述，但亲自来到灾情现场时，眼前的景象还是让他心头一震。

路上随处可见百姓流离失所。一日，当沈括例行巡查的时候，一个中年汉子突然跪在他面前乞求道："官老爷您今儿个行行好，把我这闺女带走吧！"

沈括很惊诧，劝慰道："虽说如今灾情严重，可堂堂男儿有手有脚，况且朝廷是有分派物资来救济大家的，这怎的要卖闺女啊？！"

壮汉无奈地叹了口气低声道："要不是走投无路，谁愿意卖自己的亲生闺女呢？若说朝廷有什么救济物资下来，反正我是没看见。这地方谁还有能力养活孩子啊！您就行行好，把我闺女买回去当丫鬟使，好歹她还有口饭吃，也算是给她留条活

中年汉子乞求道："官老爷行行好，把我闺女带走吧！"

路吧！"

听到这些，沈括既悲恸又震惊，悲恸于百姓日子苦不堪言，震惊于官员敛财简直是毫无底线。

沭阳县内由于水灾，流民问题十分严重，当地豪强趁此机会一味兼并土地，官员更是想尽办法搜刮民脂民膏，朝廷的救济物资很难到达难民手里。

老百姓这边眼看都活不下去了，还要被官员强制去服劳役。有时候一天之内官员会下达二十多条命令，经常朝令夕改，这样一种混乱的状态让服役的老百姓无所适从，搞不清自己到底要做什么。不知道自己要做什么，手脚自然就慢下来了。手脚一慢下来，监工就怒斥辱骂，拳打脚踢。双方矛盾越来越激烈，工期也越拖越长。都说兔子急了还咬人呢，老百姓被逼得走投无路，心想：这横竖都是个死，还不如奋起反抗。

百姓暴动一触即发。

沭阳县的上级官员得知这种情况后吓得手忙脚乱，为平息民愤，他们慌忙调走沭阳县令，让主簿沈括出来应付局面。沈括熟悉当地民情，对百姓怨气的起因也了如指掌，他对症下药，当即发布了一些安定民心的举措，老百姓这才渐渐平静下来。

沈括心里明白，只有彻底整治沭河，发展农业，才能从根本上缓和百姓与官府的对抗局面。于是，治理沭河的工程在沈括的主持下，迅速开展起来了。百姓认识到这与自己的切身利益紧密相关，于是都积极参加。沭河的整治工程进行得十分顺利，河道拓宽加深，翻起的泥土筑成两道大堤，同时又开垦了许多良田。百姓无不称赞沈括。

正是因为整治沭河获得成功，沈括的水利治理才能引起了朝廷的关注。后来，当他于嘉祐年间（1056—1063）在宣州宁国县哥哥家居住时，还参与了秦家圩的修建。秦家圩是位于现今安徽芜湖境内的一大片圩田。所谓圩田，是指在低洼地区四周筑堤防水的农田，堤坝上有闸，平时闸门紧闭用以挡水，旱时开闸放水入田。这样一来，圩田基本就可以旱涝保收。

秦家圩原来是属于当地一秦姓大户人家的，后来收归朝廷。北宋初年，一次特大洪水冲毁了秦家圩的堤坝，从此圩田成了一片汪洋。很多年过去了，修复圩田的建议虽不时被提起，却一直有人以"劳民伤财"为理由反对。

后来在江南转运使张颐的帮助下，修复秦家圩的提议终于获得朝廷批准。那时正值江南灾荒，难民不断涌入秦家圩，于是圩田工程就采取"以工代赈"的方法，几天便招募百姓一万四千多人。从宁国、宣城、当涂等八个县通往芜湖地区的路上，赶运粮草沙石的队伍，车轮滚滚。蜿蜒近百里的大堤脚下，工棚星罗棋布。仅仅用了八十多天时间，一道宽六丈、高一丈二、长达八十四里的圩堤就建成了。新堤上，一排排桑树，枝繁叶茂。堤坝内有良田一千二百七十顷，沟渠纵横，星罗棋布。每一顷圩田都有名号，用"天""地""日""月""山""川""草""木"等一千二百七十个杂字来命名。当年收获的粮食交租三万六千斛，除了还清朝廷拨给的粟米，还另有菇、蒲、桑、麻等，共收益五十多万钱，其中四万文抵付工程投资，其余均为农户收入。农民收入大增，纷纷称颂修建圩田是一件利国利民的大好事。朝廷得报，宋仁宗十分欣喜，将新修圩堤赐名"万春圩"。

　　沈括凭借自己的农田水利知识以及一心为民的热忱，为百姓做了很多实事。

支持变法

　　熙宁元年（1068），沈括母亲去世。熙宁四年
（1071），沈括三年丁忧期满回京后，曾被授予检
正中书刑房公事一职，这是宋神宗为了推行变法特
意设立的新职位，很有实权。王安石向神宗建议将
此职位留给沈括，可见沈括一开始很受变法人士的
器重。事实上，王安石与沈家很早就有交往，他曾
经在沈家见过少年时的沈括，当时沈括一番经世致
用的言论就给他留下了很深的印象。现今，沈括的
很多政治理念都与王安石一致，因此，支持熙宁变
法是顺理成章之事。

　　沈括在熙宁变法中干的第一件大事就是治理汴
河。治水耗时耗钱耗人力，还不容易出成绩，向来

是吃力不讨好的工作。因为沈括此前治理沭河很成功，加之他丰富的水利、地理知识，因此皇帝考虑治水工程的第一人选就是沈括。

汴河对宋朝而言是一条极其重要的河流。它流经都城开封，北宋初年，地方政府每年都需要将开销后剩余的银钱和货物通过水路或陆路送给朝廷，水路就是靠汴河。当年宋太祖赵匡胤在位期间，汴河有一段决堤，宋太祖闻讯立刻亲自前往视察，大臣们都劝他说前线危险，请皇上回宫。可宋太祖的回答是：京城有数十万的军队，数百万的百姓，我大宋水运全都仰仗汴河，万一汴河水患不可遏制，危及京城，那我大宋还能安然无恙吗？我身为一国之君，安坐京城又有何用？由此可见，对宋朝而言，汴河堪称水上生命线。

对于汴河的治理，朝廷一直都很重视。为了保障汴河水量常年丰沛，确保船只顺畅通行，宋朝一直引黄河进入汴河。要说这一举措，实在也是那个时代的无奈之举。北宋不像现在有实力和技术能实施南水北调这样的大工程，当时只能就近引黄河入汴河。可大家都知道，黄河含有大量泥沙，若不及时清理，就会导致泥沙淤积，水道变浅变窄，水位上涨。一旦这种现象出现，很容易引发水患。朝廷一直很警惕这种现象，因此北宋初期每年都会征调大量民工来疏浚汴河。这个工作原本一直开展得很顺利，但是每年一次对朝廷来说实在负担太重，于是后来朝廷将汴河的清淤任务分段下发给沿河的各地方政府，要求每三年清淤一次。这样分工明确，责任到人原本也是很好的，实施初期，成效也不错，可惜时间一久，官员们难免懈怠，有些地方甚至出现二十年不曾疏浚的现象。二十年间，黄河挟带的大量泥沙都沉积在汴河之中，阻塞拥堵的情况可想而知。

熙宁五年（1072），沈括被指派疏浚汴河，这时的汴河是怎样的一番景象呢？越积越多的淤泥沙石将汴河水位越抬越高，站在堤坝上看大堤外百姓安居乐业的村庄，全都需要俯视，堤坝内河床已经远远高出堤外的村庄。汴河此时已经成为一条名副其实的"悬河"，高高悬在都城上方、百姓头上。一旦决堤，后果不堪设想。

此时，疏浚汴河已经是迫在眉睫的头等大事，

汴河此时已经成为一条名副其实的"悬河"。

沈括全身心地投入到了工作中。首先就要测量地势，为了测量精准，他还发明了新的测量方法，汴京和泗洲之间相距八百四十多里，地势高低落差较大，他先分层建梯形堤堰，引水灌注进去，然后测量各级水面，将各个水平面的高度相加总和就是"地势高下之实"，最终的测量结果居然精确到了几寸几分。值得注意的是，这种测量的方法，不仅是平面测量，而且是地形测量。在此之前，还从未有人用此方法。这次测量也为后期汴河的整治工作提供了重要的科学依据。

测量汴河的结果让朝廷对沈括水利治理方面的专业性更加放心。这个时候，两浙地区郏亶负责的水利工程因为当地大地主的百般阻挠导致停工，这些豪强势力为了满足私利，联合在朝官员诬告郏亶，导致郏亶被罢官。宋神宗和王安石都认为有必要派一位权威专家去两浙地区实地考察，看看当地到底是什么情况。究竟是像郏亶所说，水利工程的建设对当地发展至关重要，必须进行；还是像反对派认为的，水利工程只是郏亶为了自己仕途高升搞的面子工程，劳民伤财。

这个时候，宋神宗与王安石不约而同地想到了沈括。沈括从最初做沭阳县主簿时临危受命治理沭河，到后来参与修建秦家圩，再到最近的疏浚汴河，这些都毫无疑问地表明，他是派往两浙地区巡查的最佳人选。

熙宁六年（1073），沈括到了两浙，就马不停蹄地到各地了解实情，他用了半年时间进行巡视，考察民风民俗和农田水利建设情况。他实地考察，对地方管理中存在的诸多问题提出了解决办法。沈括调查后得出结论：两浙兴修水利、杜绝水患迫在眉睫，这也证明之前郏亶所言非虚。

众所周知，大型水利工程一般都需要征用劳动力，若是征用时间短倒还说得过去，时间一长，老百姓难免怨声载道，很容易引发社会动荡不安。沈括正是考虑到了这一点，加上当时两浙地区的常州、润州多地因旱灾出现大量无家可归的流民，沈括立即向朝廷请求拨款，采用以工代赈的方式，由朝廷出钱雇佣这些流民，让他们作为兴修水利工程的主力。如此一来，穷人有饭吃，工程有人干，社会稳定，皆大欢喜。

除了水利工程，沈括在熙宁变法中的贡献还有很重要的一项，就是改革南郊祭祀礼仪。这项改革自熙宁变法之初就开始了，可见在宋神宗心中这是一件多么急迫的事情。为什么神宗这么着急改革祭祀礼仪呢，实在是因为这项活动花销太大了！

按照宋朝的制度，皇帝每三年要举行一次祭祀天地的"郊祭"典礼。每一次郊祭之前，都要大兴土木，设立祭坊，还要在城外方圆数里之内广植树木，建造园林，并进行装饰。

皇帝亲自前往南郊登坛祭天时，文武百官也必须随行，祭祀期间皇帝还需要给百官不同等级的封赏，规格之隆重，阵仗之浩荡，开销之巨大，不难想象。沈括看到这种情形，就对郊祭礼制的沿革作了一番研究，写成《南郊式》一书，对郊祭的仪式作了修改和简化。在此之前，宋神宗就已经意识到南郊祭祀实在太过铺张浪费，他提出祭祀用的器物要简单一点，百官出行乘坐的马车要简朴一点，希望以此来节省开支，但他却忽视了南郊祭祀繁琐的仪式以及其中可能出现的敛财现象。

沈括接手这件事情后，就将着重点放在了祭祀流程的简化上。简化后的祭祀仪式流程，节省下来的银钱数以万计。神宗之所以大力推行王安石主导的熙宁变法，就是为了开源节流、富国强兵，沈括的这一举措让宋神宗十分满意。

修历制仪

1979年7月1日，中国科学院紫金山天文台为了纪念沈括，将1964年11月9日发现的一颗小行星2027命名为"沈括星"，沈括在天文学方面做出的贡献于此可见一斑。

沈括自小就对天文历算很感兴趣，后来在昭文馆整理书籍的时候更是阅读了这方面的大量藏书。

熙宁五年（1072），宋神宗任命沈括提举司天监，沈括开心极了，兴趣成为职业，这是多少人梦寐以求的啊。司天监，是朝廷的天文历法机构，负责每日观察记录天象并上报给皇帝，同时还需要根据多年记录的天象数据来预测天文异象的出现。为何皇帝如此看重天象呢？因为中国古代有"天人感应"之说，若是天象出现异常，究竟是吉兆呢，还是凶兆？皇帝面对异常天象究竟是要感激上天对自己的嘉奖，还是要反思近日政务上是否有什么不妥？天象异常时，就需要司天监的人出来解释一番，可以说司天监是皇帝受命于天的官方发言人。

可是自从宋神宗推行变法以来，有好几次司天监预测的天象都不准。预测会有月食的时候不见月食发生，没预测日食的时候日食又出现了。老百姓感到迷惑，一些反对变法的人更是以此作为证据，说变法没得到上天的许可。宋神宗为此很是苦恼。他听闻沈括在昭文馆编书时总是爱看天文历算之书，与人谈论天文历法时也颇有见地。他想起当年沈括进士及第时，自己曾见过他。这个年轻人言语中透露出来的经世致用思想和想要大干一番事业的壮志雄心，宋神宗回想起来依稀还有印象，他决定让沈括入司天监任职。

到司天监任职原本是令沈括很开心的事情，可当他意气风发地走进司天监后却完全傻了眼。司天监里的那些仪器，一个个陈旧不堪，仪器上的零部件叮铃哐啷乱响，摇摇欲坠，感觉随时都要散架一样。有些仪器需要用木柜支撑着，用铁链箍着才勉强能使用。天文观测是一个必须依赖精密仪器才能进行的工作，就凭借这些破铜烂铁，若能观测并记录下准确的天象数据，那才真是痴人说梦呢。工欲善其事，必先利其器，看来还是要先从这些个家伙什儿上入手，沈括暗暗思忖。

说干就干，沈括先是用木头制成小的模型，一边试验一边反复修改，再将改良仪器的方案呈报朝廷，获批后，他又亲自监督新仪器的生产过程。司天监的同僚见新上司一天到晚埋头在那里叮叮咣咣，也不知道他在忙什么。他们看沈括经常在外面到处跑，心想不过是个虚张声势的人，没准儿在司天监待两天也就调离了。几个月之后，当沈括把改良后的浑天仪、景表和浮漏摆放在这些人面前时，他们目瞪口呆。这个时候他们才明白，新上司这是要干一番大事啊。

宋朝朝廷通常会设立两个职权相同但各自独立的机构，就是为了监督与制约，天文历法机构也不例外。除了司天监，在宫内还有一个天文院，朝廷要求这两个机构每日各自观测并记录天象，第二天

同僚见新上司一天到晚埋头在那里叮叮咣咣，也不知道他在忙什么。

全部上呈皇帝。一旦两方结果差别较大，就能及时发现问题。可上有政策，下有对策。宫外司天监与宫内天文院多年来已经心照不宣达成共识，每天将观察天象的结果上报给皇帝之前，他们都会先对照一下数据，如有出入就改成一致，然后再呈报，这样谁也不会因为出错而被皇帝责罚。就这样，司天监和天文院相安无事很多年，机构里的其他人就算发现了，也都觉得工作不易，何必为星星、月亮和太阳毁了前途，因此大家都心照不宣。沈括进入司天监之后发现了这个情况，他将其一五一十上报给了宋神宗。宋神宗大怒，沈括借着这个机会清理了司天监六个混吃等死的酒囊饭袋，同时也大力举荐了一位编订新历法的重要人物——卫朴。

卫朴出生于贫苦家庭，小时候因生病无钱医治导致双目失明，但一直刻苦好学，尤其喜欢钻研天文历算。当朝廷根据旧历预报说会有月食的时候，他根据自己的推演验算认为不可能，之后确实没有发生月食，卫朴的预测得到了验证。他由此渐渐有了些名气。沈括经过多方了解，看中了卫朴精准的推演验算能力，力排众议把他带进了司天监。

司天监里的那些人，要么是熟知天文历法的老将，要么是不知道通过什么盘根错节的关系安插进来吃闲饭的"关系户"。沈括之前清理那六个人就令他们不满，他们一看到沈括如今又带进来一个"穷酸瞎子"，一想到要与其共事，甚至可能还要听其领导，这些人吵吵嚷嚷，说什么也不愿让卫朴进司天监的大门，还叫嚣道："这眼睛都看不见，怎么观察天象，招进来吃空饷啊！"

沈括知道，该是让卫朴展现实力的时候了。于是他让这些人随意出题，如果卫朴被难倒，就不进司天监。这些人一听，无不摩拳擦掌，打算将卫朴难倒。他们商量着，出的都是极其复杂的推理演算题目，在那个没有计算机，全靠人工计算的年代，他们谁也没想到，还没等旁边使用算盘复算的人得出结果，卫朴就已给出了答案，且全部正确。如此一来，那些人哪怕心里还是不愿意，嘴上也没有理由再反对。卫朴堂堂正正进入司天监，在沈括的带领下主管修订新历法之事。

很快，卫朴和沈括就发现通行的旧历与实际天象间存在着偏差，实际天象变化与当时使用的旧历相差大概一个多时辰。什么意思呢？古时候人们都是根据节气来劳作生活，所谓春耕夏耘秋收冬藏，所以节气对人们的生活很重要。以立春为例，按旧历规定，正式进入立春是在某日午时，可实际天象显示，进入立春的时刻已经是这一日的未时了，所以说旧历显示的时间比实际情况慢了。卫朴提议，若是修新历，就要把时间"调快"。

卫朴的建议沈括很明白，但他心里清楚，朝廷上下，包括皇帝，都很难采纳此提议，因为天文学知识太过于抽象，你说是午时进入立春还是未时，人们感觉上并不会有明显的差异，大家很难把这几个小时的误差和天象预测不准联系起来，这种情况下，如果要把时间"加速"，大家很难接受。时间这个东西看不见摸不着，怎么才能说服大家相信现行的历法慢了呢？思来想去，沈括决定借助日晷。

因为立春和冬至时日晷投影长度应该是一致的，这一点，大家都知道。如果现行历法准确的话，那么立春日的日光投影长度应该和之前冬至时的测量数据一致。沈括决定在立春日那天，当着文武百官和皇帝的面，做这个实测验证。实验的结果可想而知，午时测量日晷的光影长度与之前冬至的数据完全对不上，到了真正能对上的时候，日晷的光影已经移动了五十多度，这就验证了卫朴之前说的实际天象与旧历相差一个多时辰的结论。

有了此次实验的展示，大家都很直观地看到了问题所在，新历的修订得以顺利推进。

结怨文豪

在宋神宗的支持下，熙宁二年（1069）开始，王安石开始了他改变大宋积贫积弱的宏图大志，提出了青苗法、农田水利法、保甲法、军器监法等一系列变法举措，开源节流，富国强兵。在轰轰烈烈的改革浪潮下，朝臣们分成了两大派：以王安石为首的改革派和以司马光为首的反对派。两党之间互相攻击，互相排挤。沈括与曾经的好友苏轼就是这样，因为政见不同而慢慢走向陌路。

沈括考中进士后，被派到昭文馆编校书籍。不久，苏轼进入史馆，二人成为同僚。沈括很早之前就听说过苏轼，知道他的文章曾让欧阳修盛赞道："老夫当避路，放他出一头地也。"对于这么一位久负盛名的大才子，沈括自是佩服不已。两人工作之余，也会互相切磋交流想法。治平三年（1066），因苏轼的父亲苏洵逝世，苏轼回老家四川丁忧三年，两年后，沈括母亲去世，沈括也要回浙江三年，两人的联系逐渐减少了。

三年时间很快就过去了。熙宁四年（1071），沈括丁忧期满回京后发现，神宗皇帝对王安石极为重视，并全力支持变法。王安石曾为沈括父亲写过墓志铭，沈括自己的政治理想又与王安石相同，因此，他成为王安石阵营中的一员是再自然不过的事情。很快，沈括得到了王安石的器重，先后被推选担任检正中书刑房公事、集贤校理、河北西路察访使等重要官职。沈括的政绩十分突出，赢得了宋神宗的赞许。

再说苏轼，自丁忧期满回朝后，一直默默观察王安石变法，他认为变法虽见成效，但危害也不小。熙宁四年（1071），他正式上折激烈反对变法。宋神宗召苏轼问询，苏轼将自己对变法的看法尽数吐露，然而，他的上谏并未得到宋神宗的采纳。王安石听说苏轼反对变法后十分生气，立刻安排御史谢景弹劾苏轼。在这种情况下，苏轼自觉处境艰难，便主动上书请求外任。这正中王安石下怀，于是他上书建议神宗批准苏轼离京，任杭州通判。

苏轼在杭州见到当地官员欺压百姓的种种恶行，他将自己的所见所闻所思所想诉诸笔端。这些诗文在民间广为流传。与此同时，新法的弊端越来越多地显露，百姓对新法中一些措施有了不少怨言。

苏轼被贬后两年，即熙宁六年（1073），宋神宗特派沈括到杭州巡查苏杭地区"农田水利法"执行情况，临行前神宗语重心长地嘱咐沈括："你的老朋友苏轼现在也在杭州，你们可要好好相处啊。"沈括听了这话，不禁反复思忖，神宗到底是什么意思。

刚到苏杭，沈括便迫不及待去找苏轼。

苏轼没想到沈括登门，惊奇地说："这是什么风把存中先生给吹来了？"

"这不是想你了嘛，怎么，不欢迎吗？"

"这是哪里话，怎么会不欢迎呢？来来来，快请进来。"

寒暄几句过后，苏轼就命家中奴仆准备饭食，并安排住处让沈括歇息。

经过一段时间的考察，沈括已经了解苏杭地区新政的执行情况，他准备动身回京了。在回京前苏轼摆酒设宴为沈括送行，二人伴着美食美酒，作诗唱和，好不快活。

沈括一直以来都非常仰慕苏轼的才华，于是便请求东坡先生惠赐墨宝，为人豪放不羁的苏轼十分大方地将《王复秀才所居双桧》《山村五绝》《吴中田妇叹》等诗誊抄赠予沈括。

沈括回京后，立刻向朝廷汇报自己在苏杭地区考察的新法执行情况，得到宋神宗的大加赞赏。过了几日，沈括忽然想起苏轼惠赠的诗稿，于是拿出来想细细品味。看到《王复秀才所居双桧》中"根到九泉无曲处，世间惟有蛰龙知"一句时，沈括不禁大惊失色，心想：这不是藐视皇权，丝毫不把天子放在眼里吗？

于是，沈括将苏轼的诗词做上标记，并注曰"词皆讪怼"，上呈神宗，但神宗并未在意。

之后，苏轼调任湖州知州时，他向神宗呈上《湖州谢上表》，其中说道，我知道自己迂腐不识时务，难以追上新进之人。陛下知道臣年老不会多生事端，到了别的地方，或许能保全一方百姓，所以请让臣到湖州任职吧。

苏轼觉得自己既然不能在皇帝身边效力，那就到地方为老百姓做事吧。没想到御史台的官员李定、何正臣、舒亶等人摘取《湖州谢上表》中语句和此前所作诗句，对苏轼连续弹劾。李定说：苏轼根本就没有什么才能，碰巧中了科举进了儒馆，现在犯了四项罪行，应该把他缉拿归案。舒亶说：苏轼上表本应该感谢陛下的任命，现在却大放厥词，不感恩陛下的厚爱，反倒讽刺陛下治国失策，没有拯救天下苍生，埋怨新政，罪不可赦。何正臣说：苏轼愚弄朝廷，妄自尊大。一时间朝中官员议论纷纷，改革派乘机煽风点火，想扳倒苏轼。

神宗看到这些上奏后十分生气，连夜下令缉拿苏轼，押解赴京。

苏轼下狱之后，多有落井下石之辈，利用各种恶劣手段逼迫苏轼认罪。可怜一介文人，在狱中遭受不堪入耳的谩骂以及身体上的摧残。苏轼感到自己或将命终于此。相传，为了不拖累儿子，苏轼嘱咐陪同进京的大儿子苏迈，每日送饭只送菜和肉，如朝廷风向有变，则不送肉，改送鱼。苏迈每天都照这个约定执行。有一天因为粮食吃完了，苏迈就到外地去采购，他委托一位亲戚帮忙送饭，但是忘记告诉亲戚不能送鱼，偏偏那天送的就是鱼。

苏轼大为惶恐，以为大难临头。他开始回首自己的一生，似是一事无成，便要匆匆而去，家有妻儿，却不能享天伦之乐。念及此，满腔悲戚之情不知诉与谁人，心想，此身已去，家中老小都需拜托苏辙弟弟（子由），这份恩情只能来世再还了。

苏轼在墙角随手捡了块石头，在残破的墙体上刻下《狱中寄子由》。苏迈再次来送饭的时候，苏轼便让他将诗带给苏辙。苏辙收到书信，泪流满面，急忙上书，请求皇帝从轻发落苏轼。朝中许多官员都站出来为苏轼求情。

最后，连宋神宗的奶奶曹皇后都被惊动了，老人家忧心忡忡地说："以诗作入狱，开国百余年尚无先例，他一定是受了小人的中伤，不过写了几首诗，不是致死之罪。我已经病成这样了，希望不要再发生冤屈事件，以免伤中和之气。"宋神宗终于答应对苏轼进行宽大处理，将其贬至黄州。

元丰三年（1080）二月，苏轼到达黄州，当起了闲官，终日游历山川。据说，在这之后，苏轼与沈括还曾见过。一日，苏轼正在走路，忽闻身后有人高声呼喊"苏大人！苏大人！"他转身回望，见有一人正在向自己这边赶来。

此人气喘吁吁赶到苏轼身边，见苏轼一脸茫然没认出自己，便自报家门道："在下是沈括啊！"

"你为何在此处？"苏轼惊奇地问。

沈括正要靠前，苏轼身边的随从听说是沈括，气不打一处来：当初若不是他诬陷诗稿有问题，我家大人怎会身处如此困境？于是，一把将沈括拦下。

沈括平静地说："在下远远见着是苏大人身影，特意赶来，以为叙旧。"

随从十分不耐烦，说："我家大人今日还有公务，不便叙旧，请改日再来！"

沈括说："那便不打扰大人了，只是在下近日

沈括气喘吁吁赶到苏轼身边，自报家门道："在下是沈括啊！"

写了几篇文章，想要向大人请教。"

随从接过沈括递过来的书稿，看也不看，厌烦地说："等我家大人看过再说吧！"既而转身对苏轼说："大人，诸大人还在等您一起议事呢！"苏轼也没说话，叹了口气，接过沈括的书稿。

随从想想心里还是不忿，不依不饶地说："沈大人，你写下这些文章，就不怕有人向皇上告你的状吗！？"

沈括尴尬回答："如今那群小人已不在朝廷了，我也就不害怕了。"

苏轼粗翻了几页，对沈括说："沈大人，我今日实在是公务繁忙，我们改日再聊吧。"

沈括点头，侧过身目送苏轼远去。

望着苏轼渐行渐远的背影，沈括无语转身，落寞而去。

守护边界

　　宋真宗景德元年（1004），北宋和辽朝在进行了二十五年的战争后，缔结了澶渊之盟。此后，宋辽边境地区的百姓们好不容易过了一段相对和平的日子。后来，随着辽国国力的日益强盛，他们不断挑战宋朝底线，一点点蚕食宋朝在两国边界处的领土。辽国贪婪的目光盯在了两国边界附近一个叫黄嵬山的地方。怎么才能将黄嵬山占为己有呢？辽国决定在"分水岭"一词上做文章。两国之间划定边界往往会以分水岭为界，这是惯例。"分水岭"这个词大家都有所耳闻，但是究竟哪些山岭能算是分水岭？分的是什么水？怎么分的？这些具体问题，知道的人很少。

辽国经常骚扰黄嵬山，边境地区被他们搅和得鸡犬不宁。宋朝无奈之下，只好派出使者与辽国谈判。这位使者，那可是与沈括同年科举，高中了状元的。在与辽国的谈判中，他死死咬定两国边境前朝早已确定，一方不得擅自随意更改。但要命的是，辽国"以分水岭为界"的这个理由，他又无法反驳，因为这确实是惯例，辽国使者在地图上随意一指，趾高气扬嚷嚷道："看到了吧，这里，这里，还有这里，以这些山为界线，黄嵬山一带就是我们辽国的！！"宋朝使者不知如何反击，只能一口咬定前朝旧历不能更改。这个理由听起来实在是有些不够有力，辽国自然也发现了宋朝使者对"分水岭"这个问题的回避，更加咄咄逼人。就这样，谈判陷入胶着状态，无法获得实质性的进展。这一拖就是一个多月。

辽国使者看跟宋朝使者根本谈不出什么结果，熙宁八年（1075）二月，辽宁增派使臣萧禧，带着国书上了汴京城。他们声称，如果不能得到土地，他们就一直待在这里。当时参与谈判的官员，经常从早到晚，说得口干舌燥，也无法说服辽使。他们坚持自己的主张，毫无回旋余地。同时，辽国还调集重兵压境。面对这种状况，宋神宗忧心忡忡。他既怕战争，又不想割地。思来想去，最稳妥的办法，是派使臣亲赴辽国交涉。这时，王安石向宋神宗推荐了沈括。熙宁八年（1075）三月，正式任命沈括出使辽国。

沈括此时还在河北。接到任命后，他快马加鞭，赶往东京，宋神宗接见了他。

神宗问道："万一辽人中途生变，危及使者安全，不知你打算采取什么方法应对？"

沈括慨然答道："臣只能以死来应对！"

神宗说："你此番出使，关系国家安危，责任重大。你的安全就是边境的安全。"

其实沈括对于边疆问题一向很留意，他曾上过一封重要的奏章，即《奏乞宣谕馆伴等俱晓分水岭本末事》，详细分析了边疆地理形势。

沈括回到府邸后，并没有忙着准备出行的车马衣物，而是一头扎进书房，直到要与他一同前往辽国的使团成员来商量相关事宜的时候，他也没多说什么，只将从书房翻出来的一些资料分发给大家，并叮嘱大家一定要背熟上面的内容。使团成员一看那些资料，都是辽国境内的山川地貌介绍，还有历史上宋辽两国的官方往来信函。大家十分不解，觉得这个时候难道不应该商议一下到时候如何应对辽国君臣吗？忙着背这些有什么用呢？沈括依然没多做解释，只再次强调一定要背到滚瓜烂熟。

熙宁八年（1075）五月，沈括一行人等就出发前往辽国了。这一路上，沈括都在监督大家背书，甚至还时不时抽查大家的背诵情况。

抵达辽国境内后，辽国宰相杨益戒接待了他们。他带着沈括一行人等在辽国都城附近一边骑马溜达，一边还得意洋洋说道："让你们瞧瞧我们大辽壮丽山河！"沈括微微一笑，不急不慢地说："是啊，贵国这山势连绵不绝，乍一看确实是磅礴大气啊，只是这山峰实在太高，恐怕出行不便吧，而且，怕是对周边水土也没什么好处啊。"杨益戒听了一愣，呵呵笑着说道："没想到沈大人对我国地形地貌还有了解呢，那你说说为什么这山势就对水土不利了呢？"还没等沈括开口，他身边的使团成员就接过话说："在下不才，刚好也略知一二，就由我为杨大人解答吧……"杨益戒没想到使团中随便一个成员都对辽国情况了如指掌，他觉得丢了面子，把宋朝使团带回驿馆后，杨益戒就悻悻然离开了。大家这时才明白沈括让大家背熟相关资料的原因，都对沈括表示佩服至极。

在后来的谈判中，辽国方面一直说宋辽当年划定边界的时候黄嵬山一带是他们的，但却迟迟拿不出证据证明。相反，沈括拿出许多宋仁宗时期两国商定边界线的来往公文作为凭证，证明当时两国商议好的黄嵬山一带属于宋朝，当年甚至还曾树立界桩。面对铁证，辽国一方眼看"攻克"沈括无望，就转而向宋朝使团中其他随行官员下手，想着是否能打开缺口。结果宋朝使团成员无一不对宋辽边界的历史了然于胸，无论辽国方面怎样咄咄逼人，宋使官员都能依据双方历史上的往来公文作出有力驳斥，辽人哑口无言。

眼看谈判占不到半点儿便宜，杨益戒狡辩道："就算以前这块地方的划定有误吧，那既然有误，就应该及时改正。'以分水岭为界'是各国商定边界的惯例，大家都按这个标准来，你们怎么能不遵守规则呢。你瞧瞧，这条河，对不对，这么一分，黄嵬山明明就是我大辽国的土地！"杨益戒一边指着宋辽边境地形图，一边说着。

沈括听了微微一笑，丝毫不见慌张。他缓缓地说道："听闻杨大人极热爱我中原文化的，没想到还是知之甚少啊。敢问杨大人，您口口声声说要以分水岭为界，您是否知道分水岭究竟指什么呢？究竟以分什么水做凭据呢？"

被沈括这么一问，杨益戒顿觉语塞，支支吾吾实在不知道怎么回答，"这，这，这还用说吗！不就是指分一条河的山吗！"

沈括见状，更加确认了自己之前的推测没错，杨益戒根本没弄清什么是分水岭！于是他不慌不忙地说道："非也，非也，杨大人错了，请杨大人细想，若分水岭指的是区分某一条具体河流的山脉，那么河流因地势等多种因素影响，改道是常有的事，这样一来，两国边界岂不是要经常变动？国界问题岂能如儿戏一般随着河流改道而任意变动？"

杨益戒被沈括反问到哑口无言，脸也涨红得如猪肝一般。

"那你说说，到底分水岭分的是什么水？"杨益戒气急败坏地问。

"分水岭所分之水，并不指某条具体河流，而是指某一水系，某一流域。前朝所划定好的边界原本就是按分水岭这一惯例商定的。按照山脉分割水系的标准来看，黄嵬山一带自始至终都是我大宋领土！"沈括每句话都铿锵有力。

辽国的谈判人员面面相觑，不知该如何应对。

"就算是以水系划分，那也应该是小水系，不能是大水系！"杨益戒还想做垂死挣扎，沈括却似乎早就预料到他会如此耍赖，只见他指着地形图上黄嵬山一带区域，气定神闲地说道："那好吧，国界线的商定，一般来说就是根据水域山脉等自然地势走向，由两国商定。如果你们如此看重黄嵬山一带，非要以将黄嵬山划给你们那一方的这一水系为界的话，那么黄嵬山确实属于辽境了。只是……"沈括话音一转，"这一支脉流过黄嵬山后，于此处有一旋转，"沈括点了点地图，"若非要改动前朝规定，以此为界，那黄嵬山确实是在辽境了，可另外这两处土地就是在我大宋境内了！那么黄嵬山给你们，同时请你们将这两个地方划归我们大宋！"沈括盯着杨益戒，斩钉截铁地说道。

辽方的谈判人员一听这话，全都傻了眼，他们谁也没料到事情居然会发展成这样。"那可不行，这明明就是我大辽的土地，怎能让给你们！"此情此景，与当时宋人面对辽国使者时的手足无措是何等相似。

"杨大人，究竟是以哪一水系为界，是你们刚刚自己要求的，怎么，同一水系，流经黄嵬山的一段就算是界线，其他段就又不算了吗？！这种歪理到哪里能说得过去？！"沈括步步紧逼，一再追问。此时辽方的谈判人员早已毫无招架之力。

杨益戒无力反驳，就厚着脸皮说："黄嵬山一带不过区区三十里，你们对这点土地都斤斤计较，是想和我们大辽结束友好关系吗？"沈括毫无惧色，义正词严地回应道："是你们背弃约定在先，现在还胡搅蛮缠地威胁我们，真要是闹翻了，你们是占不到理的！"

接下来的宋辽谈判进行了六次之多，持续了十三天之久。以沈括为首的宋朝使团据理力争，终于暂时守护住了黄嵬山一带的领土。

绘制地图

　　熙宁八年（1075）六月，沈括一行自契丹启程还朝。在返程途中，他将自己观察到的辽国边境地形地貌、风俗民情记录下来，编订成《使契丹图抄》，上呈皇帝。

　　其实，沈括在做河北西路察访使的时候，借狩猎之名行勘察之实，一直致力于了解宋辽边境地形地貌，还用木板、木屑、面糊和蜡等材料，制作出立体地图，在上面标出道路、城寨、军事要地等，北方边疆的地形、驻防情况呈现得一清二梦。回到京城后，沈括又用木头刻制了河北边防立体图，呈献给宋神宗，供其了解边地形势。

　　由此可见，沈括既对绘制地图有兴趣，也具备绘制地图所需要的技能。

熙宁九年（1076），王安石变法正在如火如荼地展开，全国地方行政规划都有一些调整，这就需要与时俱进，绘制一套最新的行政区域地图。说起绘制地图，皇帝想到的第一人选就是沈括。

接到朝廷的任务后，沈括带着人立刻热火朝天地忙活起来了。翻资料、查档案、实地考察、绘局部图、拼总图……在那个全靠人工的年代，工作量实在是太大了，更何况这期间沈括还有很多别的事情要忙。

元丰五年（1082），西夏兵攻破永乐城。作为统帅，沈括因此被贬至今天的湖北随州。没过多久，沈括接到诏命，让他继续完善绘图工作。这一方面说明该图的重要性；另一方面也显示出沈括身为地理学家，其编绘地图才能的不可替代性。

沈括先是在随州的法云禅寺潜心绘图，宋神宗去世后，哲宗颁布赦令，改授沈括为秀州团练副使、本州安置，秀州即今天的浙江嘉兴。对于沈括来说，无非是换了一个地方继续他的绘图事业。

直到元祐二年（1087），《天下州县图》才算最终定稿。申报到尚书省后，第二年被批准使用，前后共耗时十二年。看着最终的定稿，沈括内心五味杂陈，这也算是对自己有一个交代了吧。

《天下州县图》共有二十幅地图，包括一幅高一丈二尺、宽一丈的大图，一幅小图和十八幅分路图。

大图就是总图，小图是东西二京的地图。十八幅分路图就是按当时的行政区划十八路，每路一幅，比例尺为二寸折百里，大约是九十万分之一的比例。沈括参考了许多图书，采纳历史资料，绘制精详，内容丰富。大家可以想象，完成这些地图的绘制，绝不是轻而易举的事。

《天下州县图》涵盖的地域范围，仅限于宋朝实际控制的区域，也就是宋朝能够设置守、令等官职管辖的地域。凡王朝统治力量不能达到的，也就没有采入。换句话说，沈括是以最新的行政区划为基准，吸收最新颖的资料，来提高地图的科学性，这和近代绘制地图的原则是完全符合的。

沈括深知，《天下州县图》非常实用，意义也很深远，如果不能传给后人，将是莫大的损失。由于地图较之书籍更难保存，因此《天下州县图》每本正图均有摹绘的副本，以供平时观览。

即使这样，沈括还是不放心，他甚至为《天下州县图》写了专门的说明文字，详尽地表述了地图里每个标识点的位置，标识点彼此之间的关系。

具体是怎样表述的呢？大家都知道，现在我们确定一个点的方位是用经纬度来描述。而在沈括那个时代，还没有经纬度的概念，但他会用二十四个方位来确定一个地点在地图上的位置，这样精度是很高的。哪怕地图没有了，凭借这份文字描述，将地图复制出来，也能达到基本无差错的地步。

可惜，事与愿违，与《天下州县图》配套的说明文字没能流传下来，甚至连《天下州县图》最终也亡佚了。

尽管《天下州县图》被后世学者视为中国古地图的瑰宝，但究竟真迹如何，至今仍是千古之谜。1964年，四川省荣县出土了北宋宣和三年（1121）的《九域守令图》，这是中国现知最早的石刻地图。有学者认为这幅地图的底本应该就是当年沈括所绘《天下州县图》。

贬至宣州

宋神宗在位期间，最重要的事情莫过于王安石变法。前面提到过，王安石与沈家渊源颇为深厚，沈括父亲的墓志铭都是由王安石撰写，但很可惜，他们从最初的彼此信任，发展到渐行渐远。沈括拥护变法始终如一，王安石对沈括的态度却发生了微妙变化。

宋神宗的强有力支持使变法的展开极为迅猛，有些善于钻营之徒看到了皇帝贯彻变法的决心，他们为了飞黄腾达，迅速投身变法，跟在王安石身后，曲意逢迎，抓住每一个机会，不惜中伤别人，只求自己平步青云。吕惠卿就是其中一员。

熙宁六年（1073），沈括奉旨巡视江浙一带。

巡视期间，他对青苗法、保甲法以及免役法等变法措施在地方上的实施效果都有了不同程度的直观感受，尤其是免役法。

免役法是王安石变法的一项重要举措。在此之前，宋朝的百姓都是要定期去为朝廷服差役的。按照规定，各地百姓按财产多少被分为九等，其中后五个等级的百姓是不用服役的，因为这些人要种地，国家的粮食收入还要靠他们。财产相对较多的前四个等级需要到所属州县等政府机构去服役，财产越多，服役越重。

看得出来，朝廷制订政策的时候是考虑到贫苦百姓的。可是政策在实施过程中总是会有偏差，那些有钱人哪里会老老实实服役啊，他们想了一个办法，把自家资产记在贫苦百姓头上，由贫苦百姓代自己服役。可是，这样一来，谁来种地呢？地主老爷们自然也不会亲自种地，于是老百姓身上的担子就越来越重。老百姓宁愿逃亡成为流民，也不想在家乡累死。流民一多，社会治安就成了问题，加上很多土地无人耕种逐渐荒芜，粮食收成也受影响。

王安石主张的免役法就是在这样的背景下提

出的。

究竟什么是免役法呢？简单来说，就是它的字面意思——免除差役。大家不是都不想服差役吗？好的，那就可以不去。在王安石的设想中，百姓不必再定期服差役，交钱即可，名为"免役钱"，由国家拿着这笔钱来雇佣专人服役。"免役钱"的交纳标准是按照财产的多寡，财产多的人需要交纳的"免役钱"也多。

按照王安石的设想，普通百姓家境贫寒，只需要交纳很少的"免役钱"，又不用服差役，因此他们可以安心劳作，这样流民减少，土地不会荒废，朝廷的粮食收成也有保障；另一方面，免役法规定，财产越多，交纳的"免役钱"越多，所以王安石觉得那些已经很富有的家庭不会再想着要兼并土地，毕竟要交更多钱嘛。这样的话，土地兼并问题也能解决。

王安石提出免役法的初衷，毫无疑问是为朝廷考量的，也确实都是为了消除当时制度的弊端想出的应对之策。可惜的是，王安石及其拥护者并没有深入民间去探查政策的实施情况，也没能根据实施中出现的偏差及时改善制度，这就埋下了很多隐患。

沈括一直是变法的坚决拥护者，但他在巡视江浙一带时发现免役法存在很大问题。

王安石推行免役法的初衷虽好，可他却忽视了一个最根本的问题：这些富户不是不愿意交更多的钱，他们是根本不愿意交钱啊！当初有多么不愿意服差役，如今他们就有多么不愿意交钱。最终，免役钱的负担依然转嫁到了贫苦百姓身上。以前服差役的时候，老百姓还能离开家乡；现在不用服差役了，老百姓全都牢牢控制在土地上，跑也跑不了，同时还要承担远远高于自己能力的"免役钱"，简直苦不堪言。原先服差役时，至少还可以凭借自己的力气，如今必须交钱，这对于老百姓来说真是难上加难。

沈括正是因为目睹了这些民间疾苦，知道免役法在实施过程还有很多需要完善的地方，所以才上书提议修改完善免役法。沈括的建议完全是出自公心，可这份奏折到了吕惠卿手里，就成了沈括构陷同僚的素材。

吕惠卿拿着沈括的这份奏折，跑去王安石面前说："王大人，您看看，您平日对沈括如此信任，他居然在奏折里说免役法的坏话，他这不是帮那些顽固守旧的家伙们欺负您嘛，我可真替您感到冤屈啊！"吕惠卿口中那些顽固守旧的家伙就是变法的反对派。王安石自开始变法以来，一直都有不少的反对者，如今变法正在艰难推行中，王安石本就因反对者的阻挠而心力交瘁，见自己一直倚重之人对变法提出不同声音怎能不生气？！

　　这一次，沈括关于修改完善免役法的建议不仅没有被采纳，王安石对他也有了不满，一些支持王安石变法的大臣也因此觉得沈括有"背主"嫌疑。这一切，一直在地方上巡视的沈括浑然不知。

　　又一段时日之后，因变法的推行有所阻滞，王安石被罢免了相位，接替他的是吴充。吴充既不是变法的坚定拥护者，也不属于反对派阵营。

　　同僚们的起起落落，沈括并没太在意，他心中只剩一个念头：立未立言，成未成事。

　　一日，吴充邀请沈括来商议事情。"此次请沈大人过来，主要是想询问免役法一事，"吴充背手而立，神情严肃，"我总觉得有些不妥，却道不出缘由。"

吴充话音刚落，沈括心领神会，思索片刻后，他说道："在下建议在原法的基础上，免除贫穷百姓的免役钱，同时恢复他们去服差役的制度，这样既能减轻百姓经济上的负担，也能减轻国家差役上的压力。因为对于本不富裕的人家来说，免役钱让他们的生活雪上加霜，相比之下，他们更愿意像免役法改革之前那样，轮流到官府承担一些力所能及的差役。旧制中的差役法和新制中的免役法结合起来，差雇并行，这样才是最可行的。"

"嗯……"吴充听罢，微微点头，可好像突然想起了什么，他有点疑惑地说："若是我没记错，沈大人此前好像不是这么说的吧？"

这话触及沈括内心隐秘的角落，日后想起来仍有难言的刺痛，不过此时他并没有太过在意，只是回答道："时日不同，民情有变，在下只是因境而异罢了。"

屋外的阳光透过窗缝洒进屋里，吴充看着沐浴在阳光中的沈括，喃喃说道："差雇并行，回到免役法改革之前……"

当沈括走出吴充府时，一切一如往常，但似乎有什么变化悄然发生。几个月后，他才恍然大悟。有些事情，说者无心，有心人却会拿来生出无端祸事。

……

"依附大臣、越权言事、前后不一……沈括，你可知罪！"殿堂之上，神宗威严的声音如雷轰顶，震碎了沈括辛苦构建多年的幻境，他僵在原地，不知所措。

"蔡确居然弹劾我？我怎会落到如此境地？"巨大的困惑让沈括恍惚。

蔡确是坚定的变法者，是沈括同一阵营的战友。沈括自认为拥护变法从未动摇，提出的改善性建议无非是从百姓实际情况出发而已。只是在蔡确等人的心里，沈括提出"差雇并行"，让一部分百姓恢复服差役，尤其还是在王安石罢相后提出，这已然是对改革的背叛了。

熙宁十年（1077），蔡确愤然上书弹劾沈括，指责沈括身为皇帝近臣，对变法有建议，不去向皇上进言反而私下前往相府，有结党营私之嫌；考察免役法是否得当不是沈括的职责，而他却对此指手画脚，有越权之嫌；王安石刚被罢相，他就提出要差雇并行，还说要恢复免役法之前的做法，实在是见风使舵的小人之举。

听到蔡确历数自己的"三大罪状"，沈括浑身都是冷汗。他想起来那日吴充将自己关于免役法的建议禀告给皇帝时，蔡确那怨恨的眼神，也想起神宗漫不经心的回应和不同于以往的态度。

沈括从未遭此打击，是的，多年的顺遂让他忘记了被冷落的滋味，他忘记了官场的险恶与人心的复杂。

或羞、或恼、或悲、或恨，在群臣的弹劾和宋神宗的逼问下，沈括的感受和想法已经不再重要，他只需要回应一句：臣，知罪。

……

江心舟中。

这是同汴京截然不同的模样，江淮的夏夜和着新鲜泥土的气息，在雨后充满着盎然的生机，比起京城的干燥闷热，这里堪称清凉。远处的草丛中似有星星点点若隐若现，应是流萤。岸边杨柳依依，绵延婉转，举目望不到边际，倒映在浩瀚的江面上，随波飘摇。四周默然，夜已经深了，此刻虽算不得良辰，也称得上是佳景，但沈括只觉得静，实在是太安静了。他习惯了家仆守房时门外的脚步声，习惯了晨起上朝前清亮的敲更声，也习惯了府邸前街市口热闹的买卖声……现在所有的一切都被船抛在了身后，不得不远去了。

一片静寂中，好像有很多声音朝沈括席卷而来，有些模糊不清，有些清晰如昨。

"卿所言极是，朕甚悦，此事全部交由卿负责置办。"这是熙宁元年（1068），他撰成《南郊式》时宋神宗的夸赞与欣赏。

"沈使臣果然才能出众，本人甘拜下风，宋能得君，实属幸事。"这是熙宁八年（1075），他与辽国使臣谈判时辽臣的敬佩与歆羡。

"大势去矣，吾九死无悔，唯惜变法不得善终也，望诸君珍重。"这是熙宁九年（1076），王安石看到变法注定失败时的叹息与无奈。

……

现在所有的一切都被船抛在了身后，不得不远去了。

在如此嘈杂的声音中，沈括心乱如麻，但随即就听到一个严厉威严的声音说道：

"依附大臣、越权言事、前后不一……沈括，你可知罪！"

刹那间万籁俱寂，沉默笼罩江面。

东方已泛鱼肚白，远处传来船夫的号声，漫长的旅途落幕，前方是此行的去处——

宣州。

攻打西夏

　　沈括在泉州待了差不多三年后，元丰三年
（1080），宋神宗任命沈括为延州知州兼鄜延路经
略安抚使，职权管辖范围在今天的陕西北部一带。
鄜延极具战略价值，是西夏南来必经之路。

　　要说沈括到任之前，当地的上任长官是谁呢？
大家想必也不再陌生，就是吕惠卿。之前沈括遭人
陷害，罪魁祸首可以说就是吕惠卿。沈括此时还不
知道，他的这位前任临行前不知是有心还是无意，
竟然还给他留下了一个小小的阻碍。

　　沈括动身前，宋神宗特意在京城召见了他，对
他报以殷切期望："边疆安稳的重任如今可全在你
身上了啊。"宋神宗的一番嘱托令沈括热血沸腾，

他觉得这是皇帝重用他的表现。

到任后，沈括主动和当地军队将领种谔示好，想着两人携手，将来军政事务开展起来才会更加顺畅。没想到，种谔竟然不冷不热。沈括疑惑极了，多方打听才知道，种谔与沈括的前任——吕惠卿吕大人闹得很不愉快，他以为沈括和吕惠卿是同一伙的，这可真是天大的误会。

幸好这个误会很快就解除了。平日里沈括对将士和老百姓的一言一行，种谔也都看在眼里，心里自然有了自己的评判。

一日，朝廷调派了一支京城的禁军来充盈地方军队力量，为了鼓舞士气，朝廷还给禁军每人一份赏钱，激励他们更好地镇守边关。奖励士兵本是好事，但以种谔为首的地方将士却没有这份奖励。从京城来的还没怎么干活呢就有奖励，长年累月驻扎地方的居然没有，地方将士都觉得太不公平，尤其是种谔，更是气得吹胡子瞪眼。

沈括得知此事后，觉得朝廷此举确实欠妥，于是连忙将这个情况上书宋神宗，只是书信往来需要一定时间，沈括担心地方将士的不满情绪持续发酵，于是他大胆地"假传圣旨"，以皇帝的名义直接将官府库银取出分给地方将士。

种谔得知此事后大受感动，尽管后来朝廷回复批准了沈括上书的请求，但万一宋神宗对沈括的"先斩后奏"有意见呢？种谔知道沈括的这一举动是冒了很大风险的。沈括之所以这么做，无非是为了让种谔和其他地方军的士兵安心。沈括慢慢在军中树立了威信，这也为他后来领兵打仗奠定了坚实基础。

沈括带兵打仗的契机来源于西夏对宋朝边境的骚扰。西夏是党项族的政权，他们有一位叫李元昊的野心勃勃的君主。西夏经常在宋朝边境烧杀抢掠，经常和宋军开战，边境百姓生活苦不堪言。

宋神宗在位的时候，一边是辽，一边是西夏，宋朝常年饱受两边夹击之苦。神宗当年任用王安石变法也是为了实现富国强兵之梦，以彻底解决边境纷争。后来王安石虽然被罢免了，但变法举措并未停止，这些年以来，宋朝国力也确有提高。宋神宗委派沈括来镇守边境，就是为了静待时机主动出击。

很快，时机来了。北宋庆历八年（1048），李元昊去世，西夏政权一直不稳定，统治阶级内部权力斗争十分激烈。拱化五年（1067），西夏第三位皇帝李秉常（夏惠宗）即位，当时只有七岁，其母后梁氏掌权，外戚专政。扶持小皇帝的亲宋派和以梁氏为首的反宋派斗争日趋白热化，后来梁氏更是直接将小皇帝囚禁起来。亲宋派扬言要到宋朝搬救兵，解救小皇帝。看到西夏的乱局，宋神宗感到这是进攻的大好时机。

元丰四年（1081），宋神宗决定兵分五路，出击西夏。沈括镇守的鄜延便是其中一路力量，统帅就是种谔。也只有这一路，在这次战争中打了胜仗，立了战功。这其中，顺宁大捷由沈括亲自指挥。

种谔率领前线士兵一路击溃西夏兵后，乘胜追击，长驱直入，直捣西夏腹地。

虽然宋朝军队气势如虹，但是被击溃的西夏兵很快又集结起来，对宋军后方产生了不小的威胁。他们想围攻顺宁，切断宋军的后方补给。

顺宁驻军中的大部分将士都跟着种谔到前线打

仗了，守城将士不过几千人，原本他们是想以闭门自保为主，但沈括审时度势之后却觉得一定要主动出击。他认为闭门自保就是示弱，很容易助长西夏军队的气焰。更何况，沈括心里明白，万一顺宁真的失守了，直接影响的是前线将士们的粮草补给，后果太严重了，所以必须在西夏军队还处于试探阶段时将其制服，守住顺宁。

于是，沈括派先锋部队携带充足的粮草，率领千人小队出城，在西夏驻军附近散布消息，说鄜延路统帅沈括会亲自前来督战，同时会率领十万大军支援顺宁。这个消息可把西夏兵吓得不轻，他们担心若贸然攻城，会被随后赶来的十万宋军包围。与此同时，沈括又派了另一支千人队伍时不时去骚扰西夏兵，让他们以为这就是宋军的先头部队，大部队随后就到。

这些西夏兵原本就是种谔的手下败将，现在又被沈括用计谋吓唬了几次，很快也就溃败四散了。

顺宁大捷是一次以少胜多的心理战，显示了沈括优秀的军事指挥才能。

为理写诗

一提到沈括，大家都说他上知天文下知地理，天文、历法、数学、物理、化学、农学、医学、音乐、书画，几乎无所不通，且在每个领域都很有成就。可唯独有一样很少提到，那就是文学，尤其是诗文创作。

看看与沈括同时代的那些官员，王安石、苏轼、欧阳修……哪一个不是文采斐然？相比之下，沈括在文学方面的成就实在是弱了一点。哪怕有《梦溪笔谈》传世，可此书也并非以文采著长。

沈括作为一个科学家的"职业病"深深地影响着他的诗文写作，他觉得诗文创作应当达到字字精准的状态。

主张诗文创作推敲字句，这本没有什么问题，唐朝不就有一个推敲诗句用字的小故事流传至今吗。话说当年贾岛骑着小毛驴走在路上时突然脑中浮现出"鸟宿池边树，僧敲月下门"这句诗，他一时决定不了究竟是"僧推月下门"好还是"僧敲月下门"好，就站在大路中间苦苦沉思，为此还冲撞了当时在朝为官的韩愈大人。韩愈得知详情后非但没恼，还与贾岛一起思考，最终决定"敲"字好。因为在万籁俱寂时，敲门声更衬得夜深人静。

这算是诗歌创作推敲字句的美谈了，可沈括主张的字字推敲与此并不相同。贾岛推敲字句是在考量哪个用字更能表现意境的悠远，可沈括的推敲却是在关注诗句是否与现实境况严格相符。要知道写诗毕竟是一种文学创作，虽然来源于生活，也不可能与生活严丝合缝、不差分毫，毕竟还要有艺术加工的成分呢！可沈括却习惯了用严谨的事实来摆证据、讲道理。

《梦溪笔谈》卷十四记载沈括品评别人的诗歌时曾有这么一段：唐诗在表现人物的富贵时，总是有一种套路，去描写这个人使用的器物是多么华美，这样一来，那些没见过世面的穷苦人就会觉得震惊，心想：用的东西都这么奢侈，富贵程度可见一斑啊。一旦读诗的人这样想，诗人表现人物富贵的目的就达到了。

但沈括认为这些套路根本经不起推敲，很不合理，为此，沈括还举了几个例子进行反驳。

比如"十幅红绡围夜玉"这句诗，如果用十幅红绡做帷帐的话，最多不过四五尺，人要真睡里面，还得蜷缩着，这哪里是富贵人家的生活写照呢。沈括认为写出这种诗句的诗人，根本没见过富贵人家，不知道富人的真实生活情形。

"十幅红绡围夜玉"，化用自韦楚老（《全唐诗》中为"常楚老"）《江上蚊子》，全诗如下：

> 飘摇挟翅亚红腹，江边夜起如雷哭。
> 请问贪婪一点心，臭腐填腹几多足。
> 越女如花住江曲，嫦娥夜夜凝双睐。
> 怕君撩乱锦窗中，十轴轻绡围夜玉。

看得出来，沈括的引用和原诗有出入，这主要是因为古人引文全凭记忆，记得不太准确是常有的事。可问题在于，沈括的理解与诗人要表达的真正含义南辕北辙。全诗字面写蚊子叮人，真正含义则是反映贪官污吏吸百姓的血。

而沈括却认为诗人是在描写富人的生活，因此他指出十幅红绡做帷帐的尺寸与现实不符合，并以此为据，提出驳斥。

退一万步说，即便这首诗真的是在"炫富"，沈括这种仿佛拿着尺子在那里比划着尺寸的架势来品读诗歌，显然是不太合适的。这只能说明沈括没有读懂这首诗，用现在的话说，中心思想没抓住，跑偏了。

在沈括的心中，"真实"比什么都来得重要，这直接导致他的诗文写作也是以"真实"为最高标准。比如沈括记录自己看到延州当地百姓使用石油的那首《延州诗》：

二郎山下雪纷纷，旋卓穹庐学塞人。
化尽素衣冬不老，石烟多似洛阳尘。

我们现在读来，会觉得这更像是一篇科考笔记，可以作为我们研究石油发现及开采历史的重要史料，其科学价值可能远胜于它的文学价值。

日本将沈括视作中国的绝世天才，英国科技史专家李约瑟将《梦溪笔谈》称为"中国科学史上的坐标"。放到现在来看，沈括毫无疑问是在多个领域都取得显著成果的科学家，可惜在当时人看来，这些超越时代的伟大成就，不过是"奇技淫巧"。

对于生活在那个年代的优秀理科生沈括来说，这或许也是他内心深处的一丝遗憾吧。

《梦溪笔谈》

　　一说沈括，大家必然会想到《梦溪笔谈》。相信在很多人心里，沈括基本就与《梦溪笔谈》画上了等号。沈括究竟是在怎样的境遇之下写出《梦溪笔谈》呢？这一切都要从元丰四年（1081）的永乐兵败说起……

　　"报——，永乐失陷，徐禧、李稷、高永能、李舜举诸位大人殉国，我军目前已折官二百三十人，损兵一万两千有余。大人，我们败了！"

　　"沈括议筑永乐城，敌至却应对失当，贬为均州（今湖北随州）团练副使，领半俸，随州安置！"

　　沈括猛地从床上坐起，耳边"嗡嗡"作响，兵败被贬的画面不停地在脑中重现，仿佛发生在昨日。一阵凉风吹过，他打了一个寒颤，这才发现自己已被惊出一身冷汗。他向外看去，月光被乌云遮住，屋里光线更加黯淡，屋外小虫子的叫声如断如续，这声音似是嘲笑，又像是在感慨着什么。

沈括长叹一声，随手抓起衣物披在身上，摸索着把灯点亮，把窗户关上。他坐回床边，此时也没有了睡意，便和衣倚在床头，等待着黎明的到来。在黑暗中，听觉就变得愈发敏锐，窸窸窣窣的声音在寂静的夜里变得愈发清晰，这声音就像那天大殿上群臣的议论声，得意的、责备的、遗憾的、嘲笑的……各种声音混杂在一起，殿前的沈括听不清，更不想听清。他越发惶恐、越发着急，他想要说些什么，但喉咙又痛又涩，什么话也说不出。

"啪！"灯花突然爆了一下，将陷入回忆的沈括拉回现实，灯花通常都预示着好兆头，身处均州的沈括苦笑一声，低声喃喃道："三年了啊，对于现在的我来说，还有什么事情算好事……这天怎么还没有亮啊……"

也许真的是灯花带来的好兆头，第二天京城便传来消息——哲宗继位，大赦天下，沈括得以迁至秀州（浙江嘉兴）。秀州离他的家乡钱塘那么近，让本以为要客死他乡的沈括激动万分。

一路上走走停停，沈括终于在元丰八年（1085）的冬天到了秀州。离家近了，心情也开始好转，他开始接着绘制《天下州县图》，也正是因为这套地图的完成，他终于摆脱了"安置"的处罚得以自由行动，来到了他安度晚年的地方——润州（江苏镇江）。

沈括曾经梦到一个有山有水、风景如画的地方，他在梦中就喜欢上这个地方，此后，沈括还多次梦到这个地方。后来，沈括遇见一个道人，他说润州有一个园圃正在出售。听道人对这处园圃的描绘后，沈括觉得就像自己梦到的地方。于是，沈括特意前往润州，买下了这处园圃。

一直在宦海浮沉，沈括并无闲暇仔细打理此地。如今已是暮年，行至此处，沈括看着眼前如画的美景，不禁后悔，自己为何迟迟没能来此地定居。沈括将宅子修缮一番，名为梦溪园，同时自称梦溪丈人。从此以后，他就在这个和他有着奇妙缘

沈括轻叹一口气，展开面前的纸张。

分的园子里定居下来，终老于此。

仕途上的失利让沈括备受打击，妻子的跋扈也让他整日不得安宁，如此情况下，沈括只能终日与笔墨纸砚为伴，只有这样，他才能真正静下心，整理《梦溪笔谈》。此时的沈括已过六十，这些日子以来，沈括经常会回忆过往。"都说君子三不朽，立德立功立言，那么我呢？"沈括喃喃自语着。"如今看来，也只有立言还可行吧。"沈括轻叹一口气，展开面前的纸张。

我们从《梦溪笔谈》的序言得知，书的原名本只"笔谈"二字，只因沈括晚年居住地为梦溪园，且自称梦溪丈人，所以后来在刊刻流传过程中，书名变成了"梦溪笔谈"。

这部书可以说是沈括毕生的回顾，他将自己一生的所闻、所见、所思、所想都记录其中。全书原有三十卷，现存二十六卷，涉及内容十分广泛，划分为十七个门类：故事、辨证、乐律、象数、人事、官政、权智、艺文、书画、技艺、器用、神奇、异事、谬误、讥谑、杂志、药议。

虽然《梦溪笔谈》可以说是包罗万象，但有些内容，沈括在一开始就言明自己编书时不会涉及，包括与国政相关的事情，对他人不利的事情。沈括之所以决定自己的书中绝不谈论这些，想必也是他这一生宦海浮沉的感悟吧。

《梦溪笔谈》自问世之日起就受到了世人的广泛关注，大家都争相购买、传阅。它火爆到什么程度呢？有的学校出售《梦溪笔谈》的收入，居然可以维持学校运营的日常开销；有的地方政府以刊印、出售《梦溪笔谈》作为地方财政的开源措施。宋以后各个朝代，不断有人刊印《梦溪笔谈》。此书后来甚至还漂洋过海到了海外，版本之多，不胜枚举。这在现在绝对可以算是一部"现象级"的畅销读物了。

《梦溪笔谈》从发行之日一直"火"到现在，它不仅是畅销的爆款书，更是长销的常青书。在文学艺术总体相对繁盛的中国古代，《梦溪笔谈》中有关自然科学方面记载的内容占据了全书一半比重还多，其中既有沈括作为一名优秀科学家首创的一些测量方法和研究性理论等，也有他对别人科技成果的详细记录。沈括之所以记录这些，并不是看重他人的名气地位，而是客观严谨且敏锐地捕捉到了这些科技成果蕴含的巨大价值。如大家都知道的布衣毕昇发明的活字印刷术，其详细制作方法就是凭借沈括的《梦溪笔谈》记录得以保存流传。难怪《梦溪笔谈》被称为是"中国科学史上的坐标"。

沈 括

生平简表

●◎天圣九年（1031）

沈括出生。

●◎庆历二年（1042）

开始延师受业。

●◎皇祐三年（1051）

十一月，沈括父亲沈周去世，享年七十四岁。沈括回钱塘守父丧。

●◎至和元年（1054）

守父丧期满，袭父荫入仕为官，出任沭阳主簿，治理沭河。

●◎至和二年（1055）

任东海县令。

●◎嘉祐六年（1061）

客居宣州宁国县其兄沈披处，期间参与修复秦家圩（后改名万春圩）。

●◎嘉祐七年（1062）

参加苏州的秋季科举考试，名列第一。

●◎嘉祐八年（1063）

三月，考中进士。

●◎治平元年（1064）

任扬州司理参军。

●◎治平二年（1065）

九月，编校昭文馆书籍。

●◎熙宁元年（1068）

沈括母亲去世，享年八十三岁。沈括回钱塘守母丧。

●◎熙宁四年（1071）

十一月，迁太子中允、检正中书刑房公事。

●◎熙宁五年（1072）

兼提举司天监，举荐卫朴。九月，掌管疏浚汴河水道事。

●◎熙宁六年（1073）

奉命巡检两浙农田水利差役等事。招募流民修常州、润州水利。

●◎熙宁七年（1074）

修起居注；谏言禁止官卖蜀盐、登记民车等；任河北西路察访使；兼判军器监。

●◎熙宁八年（1075）

奉命详定九军阵法；以回谢使身份出使辽国；上《奉元历》；至辽永安山行宫，拜见辽道宗，与辽开展谈判。

●◎熙宁九年（1076）

改正《奉元历》；奉旨编修《天下州县图》。

●◎熙宁十年（1077）

七月，因奏请免除两浙路下等民户免役钱被御史蔡确弹劾，知宣州。

●◎元丰三年（1080）

改知延州、兼鄜延路经略安抚使，与种谔奉旨密议出兵西夏事。

●◎元丰四年（1081）

宋军攻打西夏，沈括留守延州。

●◎元丰五年（1082）

筑永乐城；永乐城被围，沈括领兵救援，被阻，于是放弃米脂，退保绥德。永乐城陷。因永乐兵败，沈括被贬随州。

●◎元丰八年（1085）

宋神宗去世，哲宗继位，大赦天下。沈括徙秀州。

●◎元祐三年（1088）

《天下州县图》上呈朝廷。

●◎元祐四年（1089）

离开秀州，居润州梦溪园。整理《梦溪笔谈》。

●◎绍圣二年（1095）

沈括去世，归葬钱塘。